LES FRAGMENTS-HÉROÏQUES, BALLET,

COMPÔSÉ DE L'ACTE D'*OVIDE* ET *JULIE*,

DE CELUI *DU FEU*,

DES *ÉLÉMENTS*,

ET DE L'ACTE DES *SAUVAGES*;

REPRÉSENTÉS,

PAR L'ACADÉMIE-ROYALE *DE MUSIQUE*,

Le Vendredi 16 Juillet 1773.

PRIX XXX. SOLS.

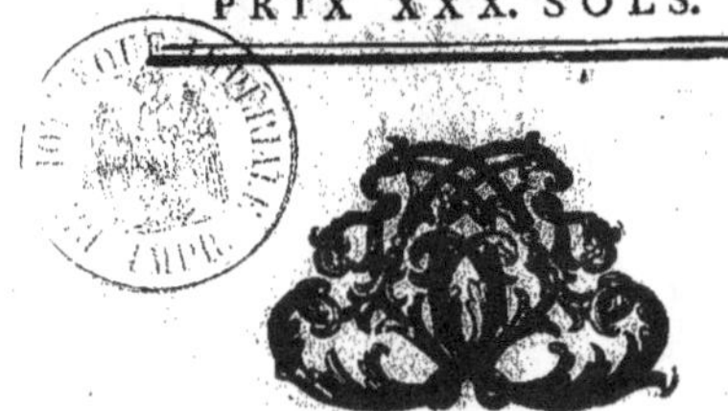

AUX DÉPENS DE L'ACADÉMIE.

A PARIS, Chés DELORMEL, Imprimeur de ladite Académie, rue du Foin, à l'Image Sainte Genevieve.

On trouvera des Exemplaires du Poeme à la Salle de l'Opera.

M. DCC. LXXIII.

AVEC APPROBATION ET PRIVILEGE DU ROI.

*Le Poëme de l'Acte d'*OVIDE *&* JULIE *est de*
FUZELIER.

La Musique est de M. CARDONNE.

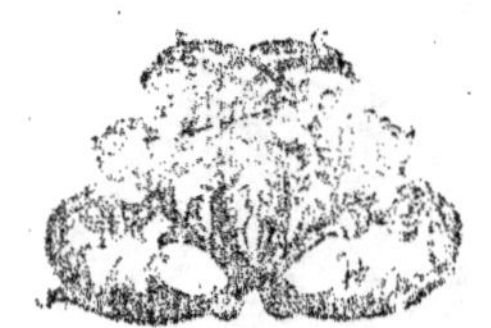

ACTEURS CHANTANTS
DANS LES CHŒURS.

CÔTÉ DU ROI.		CÔTÉ DE LA REINE.	
Mesdemoiselles.	*Messieurs.*	*Mesdemoiselles.*	*Messieurs.*
Girardin.	Cailteau.	le Bourgeois.	Larlat.
Garrus.	Héri.	d'Agée.	Vatelin.
la Guerre.	Lagier.	Chenais.	l'Écuyer.
de Laurette.	Van-Hecke.	de l'Or.	Tourcati.
Durand.	Martin.	des Rosières.	Ghuiot.
Fontenet.	le Grand.	de Merei.	Capoi.
Veron.	Dessart.	Denis, l.	Moreau.
Renard.	Boi.	S. Julien.	Méon.
Rouxelin.	Laurent.	du Val.	Beghaim.
	Huet.	Déjardins.	Cleret.
	Itasse.		Tacusset.
	Parant, c.		Baillon.
	Jouve.		Desormeri.
	Lainez.		Fagnan.

ACTEURS CHANTANTS.

JULIE, *fille d'Auguste*, M^de^. l'Arrivée.
ALBINE, *confidente de Julie*, Mlle. Beaumesnil.
OVIDE, M. le Gros.

PERSONNAGES DANSANTS.

HABITANTS de l'ILE de CHIPRE.

Mlle. ASSELIN.

M^rs^. du Bois, Aubri, Caster, le Doux, Guillet, Petit.

Mlles. d'Auvilliers, Isoire, Jude, Auberte, Adrienne, St. Ouen.

SCITHES.

M. GARDEL.

M^rs^. Trupti, Henri, du Chaisne, Huart, Dangui, le Breton.

INDIENNES.

Mlle. PESLIN.

Mlles. Martin, Jonveau, du Bois, Felmé, des Gravières, du Bochet.

OVIDE ET JULIE,

BALLET EN UN ACTE.

Le théâtre représente les jardins du palais de Julie : à l'un des côtés est un trône, qui lui est destiné.

SCÈNE PREMIÈRE.

JULIE, ALBINE.

ALBINE.

CAchés votre tristesse extrême :
Tandis qu'Auguste en paix gouverne l'univers,
Sa fille ne sauroit regner sur elle-même !
Rome, par d'aimables concerts,
Rappele la réjouïssance
Du jour de votre naissance :
Préparés-vous aux jeux qui vous seront offerts ;
Feignés du moins.

JULIE.

Ah! c'eſt trop me contraindre ;
Non, non, je ne ſaurois plus feindre :
Je veux connoître Ovide & pénétrer ſon cœur,
Je veux connoître enfin ſon heureuſe Corine ;
C'eſt en vain qu'il s'obſtine
A nous cacher toûjours l'objet de ſon ardeur.

ALBINE.

Craignés de découvrir votre ſecrette flâme.
Ah! deviés-vous la reſſentir jamais ?

JULIE.

Dieux, quels reproches tu me fais!
Pour trïompher de mon âme,
L'ingénïeux Amour ſut déguiſer ſes traits ?
L'Amour, charmé de me ſurprendre,
Sous le nom de l'eſtime, a trompé ma fierté :
En le reconnoiſſant, j'ai voulu m'en deffendre ;
Mon cœur étoit déja domté.

ALBINE.

Quelque ſoin que l'Amour prenne,
Quand il veut ſe déguiſer,
On le reconnoît ſans peine !
Ce dieu ne peut amuſer

Qu'un cœur épris de sa chaîne,
Et qui cherche à s'abuser.

Quelque soin que l'Amour prenne,
Quand il veut se déguiser,
On le reconnoît sans peine.

JULIE.

Vole, descends des cieux, Amour, vainqueur charmant.
Par une nouvelle victoire,
Trïomphe de l'objet qui cause mon tourment;
Venge mon cœur, venge ta gloire!

Tu dois récompenser les plus tendres soupirs;
Et cependant, hélas! dans un autre esclavage
Tu souffres l'amant qui m'engage!
Amour, fais changer ses desirs:
Pour cesser d'être ingrat, qu'il devienne volage.

Vole, descends des cieux, Amour, vainqueur charmant.
Par une nouvelle victoire,
Trïomphe de l'objet qui cause mon tourment;
Venge mon cœur, venge ta gloire!

ALBINE.

Souvenés-vous d'Auguste & que son trône un jour...

JULIE.

Eh, comment oublier l'objet de mon amour?
Non, non; ma flâme m'eſt trop chere.
Ovide eſt fait pour charmer:
Nous tenons de lui l'art d'aimer;
Il ſait encor mieux l'art de plaire.
Ovide eſt fait pour charmer.

ALBINE.

Il approche; craignés de trahir votre flâme.

JULIE, *s'écartant.*

Tâchons de découvrir le ſecret de ſon âme.

SCÈNE II.

OVIDE, *ſeul.*

DÉguiſés-bien, mon cœur, le feu qui vous dévore;
Craignés que les échos n'apprennent vos ſoûpirs:
Et vous, volés, jeunes zéphirs;
Annoncés dans ces lieux la beauté que j'adore.

Hélas! quand je la vois que mon ſort eſt heureux!
Sa préſence eſt le prix de mes tendres allarmes:
Admirer en ſecret ſes charmes
Eſt l'unique faveur que prétendent mes vœux.

Déguiſés-

LE FEU,

BALLET-HÉROÏQUE EN UN ACTE.

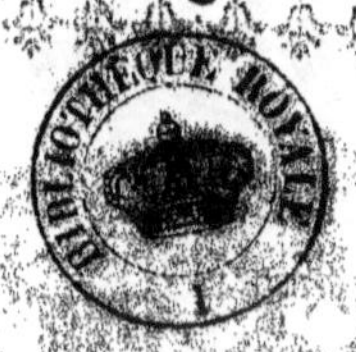

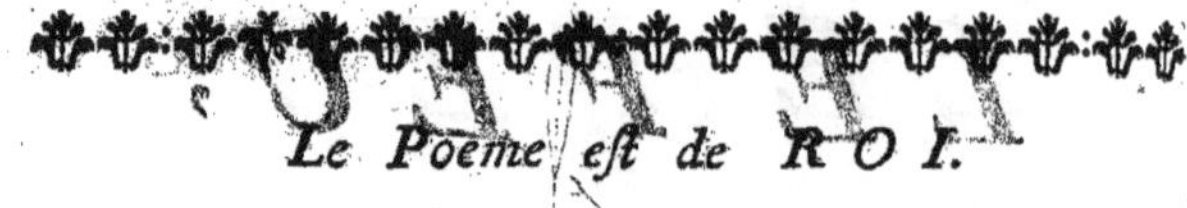

Le Poëme est de ROI.

La Musique est de DESTOUCHES.

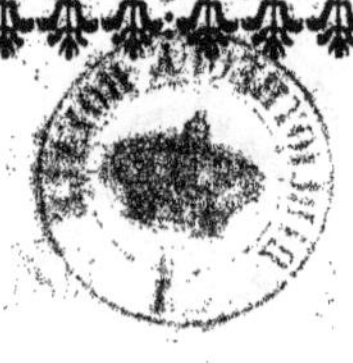

ACTEURS

ÉMILIE,	Mlle. du Plant.
VALERE,	M. l'Arrivée.
L'AMOUR,	Mlle. la Guerre.

CHŒUR DE PRÊTRESSES DE VESTA.

CHŒUR DE ROMAINS.

PERSONNAGES DANSANTS.

VESTALES.

Mlle. GUIMARD.

Mlles. JULIE, CLÉOPHILE.

Mlles. la Fond, Gertrude, du Mont, Lolotte, Henriette, le Monier, Belletour, Jude.

PEUPLES.

M. VESTRIS.

Mlle. HEINEL.

M. des PREAUX, Mlle. le CLERC.

Mrs. Beaulieu, le Fevre, Doffion, Hennequin, l., Giroux, le Doux, Dangui, Lieffe, des Bordes, Pladix, le Breton, Petit.

Mlles. d'Elfevre, Thevenet, Adeline, du Bois, du Mefnil, le Hou, Felmé, des Gravières, St. Ouen, Murès, des Haies, de Nogentel.

LE FEU,

BALLET-HÉROÏQUE EN UN ACTE.

Le théâtre représente le vestibule du temple de Vesta &, au fond, le sanctuaire, où est le feu sacré.

SCÈNE PREMIÈRE.

ÉMILIE, PRÊTRESSES.

LE CHŒUR.

FLâme, que révere
Cet empire heureux,
De nos fiers ayeux
Trésor tutélaire,
Rayon précieux
Du flambeau des cieux,
Nuit & jour éclaire
Et deffends ces lieux !

ÉMILIE.

Brillés dans ces beaux lieux, brillés flâme éternelle,
Gage de notre gloire, objet de notre zele.
Dès mes plus tendres ans asservie à vos loix,
Sous son empire un autre dieu m'appelle;
L'Himen forme pour moi la chaîne la plus belle,
Et je sers vos autels pour la dernière fois.
Brillés dans ces beaux lieux, &c.

LE CHŒUR.

On vous doit la gloire,
Les jours des Césars;
Par vous, la victoire
Suit nos étendarts.
Unique espérance,
Source de bienfaits,
Versés l'abondance,
Donnés-nous la paix.

(On danse.)

ÉMILIE.

O Vesta, terrible déesse,
Tu veux qu'un trépas honteux
Soit la peine de la prêtresse,
Qui laisse éteindre tes feux.

(Aux

Déguifés-bien, mon cœur, le feu qui vous dévore;
Craignés que les échos n'apprennent vos foûpirs:
Et vous, volés, jeunes zéphirs;
Annoncés dans ces lieux la beauté que j'adore.

SCÊNE III.

OVIDE, JULIE.

JULIE.

VEnés-vous chercher dans ma cour
L'objet inconnu qui vous bleffe?

OVIDE.

C'eft à notre augufte princeffe
Que je dois feulement confacrer ce beau jour.

Je fuis chargé des jeux que Rome vous apprête.

JULIE.

Tandis qu'on prépare la fête
Voudrés-vous contenter un defir curïeux?
Votre ardeur trop long-tems au filence s'obftine:
Apprenés-moi quelle eft cette aimable Corine
Que vous cachés à tous les yeux.

OVIDE.

Ah ! princeſſe, épargnés un amant déplorable.
Que lui demandés - vous ? o dieux !
Il eſt aſſés coupable.

Fidele au tendre Amour, j'ai publïé ſes loix ;
J'ai ſecondé ſes doux exploits :
Par mes ſoins, plus d'un cœur rebelle
A Paphos offre ſon encens ;
Hélas ! une peine éternelle,
Des regrèts impuiſſants
Sont l'unique prix de mon zele.

JULIE.

Vous me cachés le ſort de vos tendres deſirs :
Quelle beauté pourroit mépriſer les ſoûpirs
D'Ovide, amoureux & fidele ?

OVIDE.

La beauté que j'ôſe adorer
Ne ſait pas encor mes allarmes,
Et doit toûjours les ignorer.

JULIE.

Pourquoi dérober à ſes charmes
Le ſeul tribut qui peut les honorer ?

De la beauté qu'on aime eſt-ce offenſer la gloire
Que de parler de ſon ardeur ?
Non ; chaque fois qu'on nomme ſon vainqueur
On renouvelle ſa victoire.

OVIDE.

Dieux ! quels combats vous me livrés !

JULIE.

Les beaux yeux que vous adorés
Sont trahis par votre ſilence.
Que ſervent à leur puiſſance
Des triomphes ignorés ?

OVIDE.

Ils ſont, à chaque inſtant, cent conquêtes plus belles.
De cet objet divin tout reſſent le pouvoir ;
On éprouve, en l'aimant, que tous les cœurs fideles
Ne doivent pas leur conſtance à l'eſpoir.

La grandeur de ſon rang reçoit plus d'un hommage,
Qu'on n'ôſe, qu'en ſecret, offrir à ſes appas ;
Mille amours déguiſés, qui volent ſur ſes pas,
Du timide reſpect empruntent le langage. . .

JULIE.

Ah ! ne me cachés plus le nœud qui vous engage,
Nommés-moi la beauté qui vous a ſu charmer.

OVIDE.

Vous peindre ſes attraits, n'eſt-ce pas la nommer?

JULIE.

Vous me déguiſés bien ce que je veux apprendre!
Je ne prétends pas vous gêner.

OVIDE.

Vous feignés vainement de ne me pas comprendre.
Quel ſuplice à mon crime allés-vous ordonner?

JULIE.

Feindre de ne le pas entendre,
N'eſt-ce pas vous le pardonner?

Je ſais quelle eſt votre Corine.
Par des ſoupirs diſcrêts prouvés-lui votre ardeur;
Je me charge du ſoin d'inſtruire votre cœur
Du prix que le ſien vous deſtine.

OVIDE.

Ah! que mon ſort & glorïeux!

(*On entend un prélude, qui annonce le divertiſſement.*)

JULIE.

Contraignés les transports que vous faites paroître.
Cachés toûjours Corine à tous les yeux,
Je prétends seule la connoître.

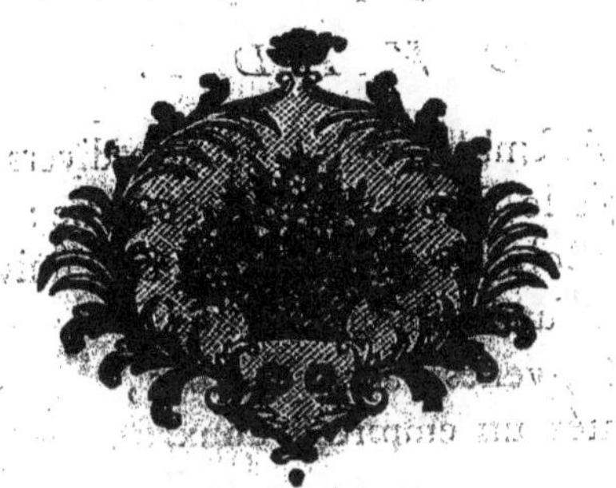

SCÈNE IV.

JULIE, ALBINE, OVIDE, *suite de la princesse*, HABITANTS *de l'isle de Chipre*, INDIENS, SCITHES.

(*JULIE va se placer sur le trône.*)

OVIDE.

RAssemblés-vous, peuples divers,
Qui partagés le sort de l'heureuse Italie;
Si Mars aux loix d'Auguste a soûmis l'univers,
L'Amour le soûmet à Julie.
Venés, venés, accourés tous,
Chantés un empire si doux.

LE CHŒUR.

Que le nom de notre princesse
Vole aussi loin que les amours.
Ses charmes trïomphent sans-cèsse,
Il faut les célebrer toûjours.
Que le nom de notre princesse
Vole aussi loin que les amours.

(*On danse.*)

ALBINE, seule, & le CHŒUR *ensuite.*

Tout ravit, tout enchante
Dans cet heureux séjour,
La nature riante
Offre le plus beau jour.
De Julie est-ce la fête
Qu'on apprête,
Ou celle de l'Amour ?

La verdure,
Le murmure
Des ruisseaux
Cet ombrage,
Le ramage
Des oiseaux.

Tout ravit, *&c.*

Ces perles de l'Aurore,
La fraîcheur des zéphirs
Les doux parfums de Flore
Tout invite aux plaisirs.

Tout ravit, *&c.*

(*On danse.*)

OVIDE.

Chantons l'aimable enfant
Qu'on adore à Cithere :
De tous les dieux il est le plus puissant;
Lui seul sait trïompher, sans allarmer la terre.

Quand Jupiter veut deffendre ses droits,
Il lui faut les éclats & les feux du tonnerre;
Mars ne peut d'un laurier dispôser à son choix,
Sans faire étinceller son glaîve sanguinaire :
L'Amour, plus sûr de ses exploits,
Pour soûmettre à ses loix,
N'a besoin que des yeux d'une simple bergere.

Chantons l'aimable enfant
Qu'on adore à Cithere :
De tous les dieux il est le plus puissant;
Lui seul sait trïompher, sans allarmer la terre.

(*Un divertissement géneral termine cet acte.*)

FIN DU PREMIER ACTE.

LA

LES

SAUVAGES,

BALLET EN UN ACTE.

Le Poeme est de **FUZELIER.**

La Musique est de **RAMEAU.**

ACTEURS CHANTANTS.

DAMON, *officier françois d'une colonie dans l'Amérique,*	M. Tirot.
DOM-ALVAR, *officier espagnol d'une colonie dans l'Amérique,*	M. Gélin.
ZIMA, *fille d'un chef d'une nation sauvage,*	Mlle. Rosalie.
ADARIO, *amant de* ZIMA, *commandant les guerriers de la nation sauvage,*	M. Durand.

SAUVAGES & SAUVAGESSES, GUERRIERS FRANÇOIS, AMAZÔNES FRANÇOISES.

PERSONNAGES DANSANTS.

SAUVAGES & SAUVAGESSES.

M. GARDEL.

M. D'AUBERVAL.

Mrs. du Bois, Dossion, Caster, le Doux, Guillet, Petit.

Mlle. ALLARD.

Mlles. du Mesnil, Isoire, d'Auvilliers, Auberte, Adrienne, St. Ouen.

OFFICIERS FRANÇAIS.

M. des PREAUX.

Mrs. Trupti, Henri, du Chaisne, le Breton, Huart, Dangui.

AMAZÔNES FRANÇAISES.

Mlle. LE CLERC.

Mlles. Martin, Jonveau, du Bois, Felmé, des Gravières, des Champs.

LES SAUVAGES.

Le théâtre représente un bosquet d'une forêt de l'Amérique, voisine des colonies françoises & espagnoles, où doit se célébrer la cérémonie du grand Calumet de paix.

SCÈNE PREMIÈRE.

(*On entend les fanfares des trompettes françaises.*)

ADARIO, seul.

Nos guerriers, par mon ordre, unis à nos vainqueurs,
Vont ici de la paix célébrer les douceurs;
Mon cœur seul dans ces lieux trouve encor des allarmes:
J'y vois deux étrangers, illustres par les armes,
Épris de l'objet de mes vœux;

Je crains leurs soûpirs dangereux,
Et que leur sort brillant pour Zima n'ait des charmes

Rivaux de mes exploits, rivaux de mes amours,
Hélas ! dois-je toûjours
Vous céder la victoire !

Ne paroissés-vous dans nos bois
Que pour trïompher à la fois
De ma tendresse & de ma gloire ?

Rivaux de mes exploits, rivaux de mes amours,
Hélas ! dois-je toûjours
Vous céder la victoire ?

(*Les appercevant.*)

Ciel ! ils cherchent Zima... pourroit-elle changer ?
Cachons-nous ; apprenons ce que je dois en croire ;
Sachons & si je dois, & sur qui me venger. *

(* *ADARIO se cache à l'entrée du bois, & les observe.*)

SCÊNE

(*Aux* Prêtresses.)

Que vos ſoins aſſidus préviennent ſa vengeance,
Que vos fideles cœurs attirent ſes bienfaits:
Un nœud miſterieux enchaîne pour-jamais
Ses honneurs & notre puiſſance.

(*On danſe.*)

ÉMILIE, à ſa ſuite.

Allés: tant que la nuit obſcurcira les airs,
Sur le dépôt ſacré j'aurai les yeux ouverts.

SCÈNE II.

ÉMILIE, ſeule.

AMour, de mon bonheur aſſure le préſage,
Et d'un ſonge importun viens effacer l'image.

SCÊNE III.

ÉMILIE, VALERE.

ÉMILIE.

AH, Valere, quel tems vous présente à mes yeux!
Un mortel ôse-t-il pénétrer dans ces lieux?

VALERE.

Ma flâme impatiente
A vaincu tout obstacle : est-ce un crime pour moi;
Est-ce offenser le Ciel, garent de votre foi?
L'Amour va combler mon attente ;
Bientôt l'aurore naissante
Me voit l'heureux rival des dieux :
Que je lise du moins mon bonheur dans vos yeux ;
Ne me refusés pas un regard qui m'enchante.

ÉMILIE.

Ah, devés-vous ici me parler de vos feux?

VALERE.

Quel asile si severe
Est interdit à l'Amour?
Dans quel temple ce dieu ne se fait-il pas jour?
Il est le souverain des dieux qu'on y révere.

Vos beaux yeux ſont baignés de pleurs !
Eh, qui les fait coûler ?

ÉMILIE.

Hélas ! j'ai tout à craindre ;
Le ciel à notre himen préſage mille horreurs.

VALERE.

Ah, vous ne m'aimés plus !

ÉMILIE.

Je ſerois moins à plaindre ;
Apprenés donc tous nos malheurs.

Les voiles de la nuit commençoient à s'étendre,
Un ſonge, trop flatteur, vous offroit à mes yeux ;
Je vous parlois ; jamais mon cœur ne fut plus tendre !
Quand de triſtes clameurs ont monté juſqu'aux cieux.
J'ai vu Veſta ; ſa voix a glacé mon courage ;
Le temple en a tremblé... du milieu d'un nüage,
Des feux étincelants ont éclaté ſur nous,
Au moment que la mort me ſéparoit de vous.

VALERE.

Reprenés l'eſperance ;
Nos feux ſeront victorïeux :
Et j'en ai pour garents les dieux,
Vos attraits & ma conſtance.

ÉMILIE.

Jusques au jour naissant abandonnés ces lieux:
Je vais de mes devoirs remplir la loi suprême;
Je dois veiller ici.

VALERE.

L'Amour veille pour nous.

ÉMILIE.

Ce sont mes derniers soins; les dieux en sont jaloux,
Je retourne à l'autel.

VALERE.

Vous fuyés qui vous aime?

ÉMILIE.

A mon bonheur je m'arrache moi-même;
Je porte à la déesse un cœur trop plein de vous.

VALERE.

L'absence d'un moment m'est un supplice extrême.

SCÈNE IV.

Le théâtre s'obscurcit par l'extinction du feu sacré, & la clarté cede à la nuit.

VALERE, ÉMILIE, CHŒUR DE PRÊTRESSES.

LE *CHŒUR.*

QUel bruit affreux! quel présage effroyable!
O sort cruël! o prêtresse coupable!

VALERE.

De quels funestes cris retentissent ces lieux?

SCÈNE V.

ÉMILIE, VALERE.

ÉMILIE.

QU'ai-je fait? quelle horreur!.. Tonnés, frappés, grands Dieux:
Sur moi seule épuisés votre haîne implacable!

VALERE.

Qu'avés-vous, Émilie? & quel trouble confus...

ÉMILIE.

Je tremble, je frémis; le feu sacré n'est plus!
J'entends déja la foudre menaçante,

Les prêtres, le ſénat, les peuples en fureur;
L'on creuſe mon tombeau, l'on m'y traîne vivante,
Et d'une lente mort j'y vais ſubir l'horreur.

VALERE.

Ah! périſſe plûtôt ce peuple & ſa puiſſance;
Périſſent mille fois
Les aveugles auteurs de ces barbares loix,
Qui des fautes du ſort accâblent l'innocence!
Je vous verrois mourir! Impitoyables dieux,
Ah, ſi des feux ſi purs arment votre vengeance,
Qui donc eſt innocent, ou coupable à vos yeux!

ÉMILIE.

Ne faites point aux dieux un reproche inutile.

VALERE.

Fuyons de ces triſtes lieux,
Suivés qui vous adore. . .

ÉMILIE.

Où ſera notre aſile?
Non, non, laiſſés-moi ſeule attendre le trépas;
Ici votre préſence offenſe trop ma gloire,
Et vos efforts ne me ſauveroient pas.
Adieu, conſervés ma mémoire;
Je pardonne au ciel en courroux,
S'il ajoûte à vos jours ceux que je perds pour vous.

ENSEMBLE.

Ciel implacable, que j'implore,
Frappe, lance tes traits, termine mes malheurs;
Non, non, fais ſur moi { ſeul / ſeule } éclater tes rigueurs,
Épargne l'objet que j'adore!
Mais quel éclat ſe répand dans ces lieux?
C'eſt l'Amour, qui deſcend des cieux.

SCÊNE VI.

(L'AMOUR, un flambeau à la main, deſcend ſur un nuage, & rallume le feu ſacré.)

L'AMOUR, ÉMILIE, VALERE.

L'AMOUR.

MOn flambeau ſur l'autel fait revivre la flâme;
Les maux que fait l'Amour, il ſait les réparer.
Vivés, belle Émilie, & raſſûrés votre âme;
C'eſt votre himen que je viens éclairer.

ÉMILIE & VALERE.

Tu fléchis les deſtins contraires,
Amour, ah! qu'à ce prix nos peines nous ſont cheres!

L'AMOUR.

Venés, Peuples, venés célébrés ce beau jour:
L'himen d'une veſtale a fondé votre empire;

LES

Une autre y fait briller le flambeau de l'Amour:
Chantés, ouvrés vos cœurs aux transports que j'inspire.

(*Les peuples entrent pour mener la vestale hors du temple.*)

(*On danse.*)

VALERE,

alternativement avec le CHŒUR *des peuples.*

Lancés, charmant Amour, lancés vos traits vainqueurs,
Sans mélange de peines:
Le seul penchant unit {nos / leurs} cœurs;
Le bonheur resserre {nos / leurs} chaînes.

(*Un Ballet général termine cet Acte.*)

FIN DU SECOND ACTE.

LES

SCÈNE II.

DAMON, *officier de la colonie françoise ;*
DOM ALVAR, *officier de la colonie espagnole ;*
ADARIO, *caché.*

ALVAR.

DAmon, quelle vaine esperance
Sur les pas de Zima vous attache aujourd'hui?
Vous outragés l'Amour, &.vous comptés sur lui !
Croyés-vous ses faveurs le prix de l'inconstance ?

DAMON.

L'inconstance ne doit blesser
Que les attraits qu'elle abandonne ;
Non, le fils de Vénus ne peut pas s'offenser
Lorsque nous recevons tous les traits qu'il nous donne.
Un cœur, qui change chaque jour,
Chaque jour fait pour lui des conquêtes nouvelles ;
Les fideles amants font la gloire des belles,
Mais les amants légers font celle de l'Amour.
Dans ces lieux fortunés, cest ainsi que l'on pense ;
De la tirannique constance,
Les cœurs n'y suivent point les loix.

ALVAR, appercevant ZIMA.

Tout les prescrit au mien, c'est Zima que je vois.

SCÈNE III.

ZIMA, DAMON, ALVAR, ADARIO, *caché.*

ALVAR, à ZIMA.

NE puis-je vous fléchir par ma persévérance ?

DAMON, à ZIMA.

Ne vous lassés-vous point de votre indifference ?

ZIMA.

Vous aspirés tous deux à mériter mon choix ;
Apprenés quel amour fait plaire dans nos bois.

Nous suivons sur nos bords l'innocente nature,
Et nous n'aimons que d'un amour sans art.

Notre bouche & nos yeux ignorent l'imposture;
Sous cette riante verdure,
S'il éclate un soupir, s'il échappe un regard,
C'est du cœur qu'il part.

Nous suivons sur nos bords l'innocente nature,
Et nous n'aimons que d'un amour sans art.

ALVAR ET DAMON.

Vous décidés pour moi ; j'obtiens votre suffrage;
Ah, quel heureux instant !

ALVAR.

La nature, qui seule attire votre hommage,
Nous dit qu'il faut être constant...

DAMON.

Elle prouve à nos yeux qu'il faut être volage.

La terre, les cieux & les mers,
Nous offrent, tour-à-tour, cent spectacles divers;
Les plus beaux jours entre eux ont de la difference;
N'est-il deffendu qu'à nos cœurs
De goûter les douceurs
Que verse par tout l'inconstance?

(*à* ZIMA.)

Voilà vos sentiments: dans vos sages climats
L'inconstance n'est point un crime.

ZIMA.

Non; mais vous oubliés, ou vous ne savés pas
Dans quel tems l'inconstance est pour nous légitime.
Le cœur change à son gré dans cet heureux séjour;
Parmi nos amants c'est l'usage
De ne pas contraindre l'amour;
Mais, dès que l'himen nous engage,
Le cœur ne change plus dans cet heureux séjour.

ALVAR, montrant DAMON.

L'habitant des bords de la Seine
N'eſt jamais moins arrêté
Que lorſque l'himen l'enchaîne ;
Il ſe fait un honneur de ſa légereté ;
Et pour l'épouſe la plus belle
Il rougiroit d'être fidele.

DAMON, montrant ALVAR.

Les époux les plus ſoupçonneux,
Du Tage habitent les rives :
Là, mille beautés plaintives,
Reçoivent de l'himen des fers, & non des nœuds ;
Vous ne voyés jamais autour de ſes captives,
Voltiger les ris & les jeux.

Belle Zima, craignés un ſi triſte eſclavage.

ALVAR, à ZIMA.

Cédés, cédés enfin à mes ſoins empreſſés.

ZIMA.

Je ne veux d'un époux ni jaloux, ni volage.

(*à l'*ESPAGNOL.) (*au* FRANÇAIS.)
Vous aimés trop : & vous, vous n'aimés pas aſſés.

SCÈNE IV.

ZIMA, DAMON, ALVAR, ADARIO, *sortant du bois, avec vivacité:* ZIMA, *charmée de son transport, lui présente la main.*

ALVAR, les appercevant.

QUe vois-je!

ZIMA.

C'est l'amant que mon cœur vous préfere.

ALVAR, à ZIMA.

Vous ôsés prononcer un arrêt si fatal!

ZIMA.

Dans nos forêts on est sincere.

ALVAR, montrant ADARIO.

Je saurai m'immoler un odïeux rival.

ADARIO, fièrement à ALVAR.

Je craignois ton amour, je crains peu ta colere.

ALVAR, l'approchant.

C'en est trop.

DAMON, arrêtant ALVAR.

Arrêtés.

ALVAR, surpris.

Damon, y pensés-vous ?
Quoi, c'est vous qui prenés contre moi sa deffense!

DAMON, à ALVAR.

J'ai trop protégé l'inconstance
Pour ne pas m'oppôser à l'injuste couroux,
Qui vous est inspiré par la persévérance.

(On entend un prélude qui annonce la fête.)

Déjà, dans les bois d'alentour,
J'entends de nos guerriers les bruyantes trompettes,
Leurs sons n'effrayent plus ces aimables retraites ;
Des charmes de la paix ils marquent le retour.
(à ALVAR.)
A vos tristes regrets dérobés ce beau jour ;
Que le plaisir avec nous vous arrête.

ALVAR, en s'éloignant.

Hélas, je vais cacher un malheureux amour !

DAMON, le suivant.

Venés plutôt l'amuser à la fête.

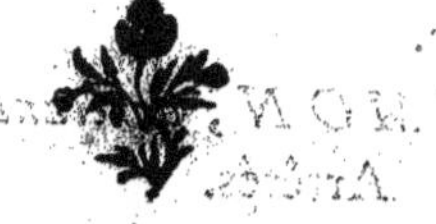

SCÈNE V.

ADARIO, ZIMA.

ADARIO.

JE ne vous peindrai point les transports de mon cœur,
Belle Zima ; jugés-en par le vôtre :
En comblant mon bonheur,
Vous montrés qu'une égale ardeur
Nous enflâme l'un & l'autre.

ZIMA.

De l'amour le plus tendre éprouvés la douceur ;
Je vous dois la préference ;
De vous à vos rivaux je vois la difference :
L'un s'abandonne à la fureur,
Et l'autre perd mon cœur avec indifference ;
Nous ignorons ce calme & cette violence.
Sur nos bords l'Amour vole & prévient nos desirs.
Dans notre paisible retraite
On n'entend murmurer que l'onde & les zéphirs ;
Jamais l'écho n'y répete
De regrèts ni de soûpirs.
Sur nos bords l'Amour vole & prévient nos desirs.

ADARIO.

Viens, Himen, hâte-toi, suis l'Amour, qui t'appele.

ENSEMBLE.

Himen, viens nous unir d'une chaîne éternelle ;
Viens encor de la paix embellir les beaux jours.
Je te promèts d'être fidele ;
Tu sais nous captiver & nous plaire toûjours.

SCÈNE VI.

ZIMA, ADARIO, FRANÇOISES, *en habits d'amazônes ;* GUERRIERS FRANÇOIS, SAUVAGES & SAUVAGESSES.

ADARIO, aux sauvages.

Bannissons les tristes allarmes,
Nos vainqueurs nous rendent la paix :
Partageons leurs plaisirs, ne craignons plus leurs armes ;
Sur nos tranquilles bords qu'Amour seul à-jamais
Fasse briller ses feux, vienne lancer ses traits.

CHŒUR des Sauvages.

Bannissons les tristes allarmes, *&c.*

(*Danse*

(Danse du grand Calumet de paix, exécutée par les sauvages.)

ZIMA ET ADARIO.

Forêts paisibles,
Jamais un vain desir ne trouble ici nos cœurs :
S'ils sont sensibles,
Fortune, ce n'est pas au prix de tes faveurs.

CHŒUR *des sauvages.*

Forêts paisibles, *&c.*

ZIMA ET ADARIO.

Dans nos retraites,
Grandeur, ne viens jamais
Offrir tes faux attraits :
Ciel, tu les as faites
Pour l'innocence & pour la paix.

CHŒUR *des sauvages.*

Forêts paisibles, *&c.*

ZIMA ET ADARIO.

Jouissons dans nos asiles,
Jouissons des biens tranquilles :
Ah ! peut-on être heureux
Quand on forme d'autres vœux ?

CHŒUR *des sauvages.*

Forêts paisibles, *&c.*

(Danse des françaises en amazônes.)

ZIMA.

Regnés, plaisirs & jeux ; triomphés dans nos bois :
Nous n'y connoissons que vos loix.
Tout ce qui blesse
La tendresse
Est ignoré dans nos ardeurs.
La nature, qui fit nos cœurs,
Prend soin de les guider sans-cesse.
Regnés, plaisirs & jeux ; triomphés dans nos bois :
Nous n'y connoissons que vos loix.

(*Un divertissement général termine le spectacle.*)

FIN.

APPROBATION.

J'Ai lu, par ordre de Monseigneur le Chancelier, les *Fragments-Héroïques*, Ballet, composé de l'Acte d'*Ovide & Julie*, de celui du *Feu*, des *Éléments*, & de l'Acte des *Sauvages* : je crois qu'on peut en permettre l'impression. A Paris ce 29 Juin 1773.

MARIN.

www.ingramcontent.com/pod-product-compliance
Lightning Source LLC
LaVergne TN
LVHW020245230826
846091LV00006B/2250

* 9 7 8 2 0 1 9 7 2 0 4 1 4 *